MW01715911

De la brièveté de la vie

Traduction du latin
et postface par
Xavier Bordes

ÉDITIONS MILLE ET UNE NUITS

SÉNÈQUE
n° 18

Texte intégral
Titre original : *De brevitate vitae*

© Éditions Mille et une nuits, janvier 1994
pour la traduction française et la postface.
ISBN : 2-84205-325-7

Sommaire

SÉNÈQUE

De la brièveté de la vie

De la brièveté de la vie

I

La majeure partie des mortels, Paulinus, accusant de mauvaiseté la nature, déplore que nous naissions dans la perspective d'une trop courte existence, où les ans à nous impartis défilent si vivement, si fugacement que, mis à part le cas de quelques-uns, pour les autres c'est en pleins préparatifs de vie que justement la vie les abandonne. Mais ce qu'on juge un mal public ne suscite pas seulement les récriminations des gens ordinaires et d'une foule d'âmes simples ; affectant aussi des hommes illustres, ce mal a provoqué leur amertume. De là, une célèbre exclamation d'Hippocrate, le plus grand des médecins : « La vie est courte, l'art est long. » De là, le procès qu'Aristote intente à la nature en lui reprochant, ce qui n'est guère d'un sage : « D'avoir aux animaux consenti une durée de vie telle qu'ils peuvent élever cinq ou dix générations des leurs, mais d'avoir aux humains, nés pour accomplir tant de grandes choses, fixé une échéance bien plus précoce. » Nous n'avons pas véritablement une existence courte, mais nous en gaspillons une part considérable. La vie nous a été donnée assez longue et avec une libéralité propre à l'achèvement des plus grandes choses, pour peu qu'elle soit bien gérée de bout en bout ; en revanche, dès lors qu'elle s'éparpille à travers luxe et inadvertance, dès lors qu'elle n'est dépensée pour aucune œuvre de qualité, finalement acculés par l'ultime et fatal décret, sans avoir réalisé qu'elle s'en allait, nous sentons qu'elle a passé. C'est comme ça : nous ne souffrons pas d'une vie brève en soi mais nous la faisons telle, nous n'en sommes pas déficitaires mais prodigues. Ainsi, d'immenses et royales ressources, échues à un mauvais maître, en un moment sont dissipées, mais si modestes soient-elles, qu'on les confie à un bon gestionnaire, elles s'accroîtront à la longue : de même notre existence, à qui l'administre bien, offre de vastes perspectives.

II

Pourquoi récriminerions-nous contre la nature ? Celle-ci s'est montrée plutôt généreuse : la vie, si tu sais en user, est longue. Hélas ! l'un est tenu par une avarice insatiable ; un autre par une application forcenée à des travaux d'une insigne inutilité ; tel est imbibé de vin, tel autre abruti par l'indolence ; celui-ci est harassé par une ambition constamment à l'affût des jugements d'autrui, celui-là précipité par sa convoitise de négociant dans un périple dicté, à travers tout ce que le monde compte de terres et de mers, par l'appât du gain ; certains, qu'obsède la passion militaire, jamais ne sont distraits des dangers qui guettent les autres ou de leur anxiété pour eux-mêmes ; il y en a que le culte ingrat de leurs supérieurs consume dans une servitude volontaire ; beaucoup occupent le plus clair de leur temps à poursuivre la beauté d'autrui ou à s'inquiéter de la leur ; et la plupart ne se réglant sur rien de consistant, une légèreté vagabonde, volage et mécontente d'elle-même, les relance indéfiniment vers de nouveaux projets ; car certains ne trouvent rien qui les intéresse assez pour orienter leur course, et c'est désœuvrés, déprimés, que la fatalité vient les cueillir, si bien que je ne doute pas que le plus grand des poètes, en une manière d'oracle, ait dit vrai : « Mince est la part de la vie que nous vivons. » Quant à tout l'intervalle restant, au fond il n'est pas *vie* mais seulement *temps*.

Les vices pressent et assaillent de tous côtés, sans permettre ni qu'on relève la tête ni qu'on applique ses yeux au discernement du vrai. Ils tiennent leurs victimes enlisées et noyées dans la passion, jamais elles n'ont le loisir de revenir à elles. Quand par hasard un peu de paix les atteint, comme en haute mer, où même après le vent un certain clapot demeure, elles balancent sans que jamais pour elles, du fait de leurs passions, le calme ne s'installe.

Tu penses que je parle de malheureux dont les maux sont patents ? Considère alors ceux dont le bonheur fascine les gens : leurs possessions les étouffent. Combien ne sont-ils pas, à se sentir accablés par leurs richesses ! Et tous ceux que l'éloquence et l'incitation quotidienne à démontrer leur talent amène à se ronger les sangs ! Tous ceux qui s'étiolent dans des voluptés continuelles ! Tous ceux qu'assiègent, sans leur laisser la moindre liberté, une multitude de protégés ! Autant qu'ils sont, en définitive, du plus modeste au plus important, prends-les un par un : tel demande assistance, tel prête assistance, celui-ci est en fâcheuse posture, celui-là le défend, celui-là juge, personne ne se réclame uniquement de soi, chacun se démène pour quelqu'un. Renseigne-toi sur ceux dont les noms sont sur toutes les lèvres, tu verras qu'ils se caractérisent par ceci : l'un est le courtisan de l'autre, qui l'est d'un troisième ; aucun ne l'est de soi.

Dès lors, l'indignation de certains n'est-elle pas folie pure : ils se plaignent d'être méprisés de leurs supérieurs, parce que ceux-ci n'ont pas eu le temps de leur accorder l'entrevue qu'ils voulaient ! On aurait le front de se plaindre de l'arrogance d'autrui, quand on n'a jamais de temps pour soi ? Car enfin ce personnage t'a, qui que tu sois, montré un visage insolent sans doute mais témoigné des égards par le passé, il a prêté l'oreille à tes paroles, il t'a accepté à ses côtés : toi, tu ne t'es jamais fait l'honneur de te regarder ni de t'écouter. Il n'y a donc pas lieu d'investir quiconque d'un devoir de politesse à ton égard, puisque ma foi, si tu t'es trouvé en prodiguer à quelqu'un, ce n'était point par désir d'être avec lui, mais par incapacité à être avec toi-même.

III

Libre à tous les génies qui ont jamais éclairé le monde de s'entendre sur ce seul point, il y a une obscurité qu'ils n'admireront jamais assez dans la mentalité des humains : ceux-ci ne supportent pas que quiconque occupe leur territoire et, s'il surgit le moindre contentieux de frontières, chacun court aux pierres et aux armes ; dans leur vie cependant ils se laissent envahir par les autres, mieux encore, ils vont jusqu'à y introduire d'eux-mêmes leurs futurs maîtres ; si l'on ne trouve personne qui veuille partager son argent, entre combien de gens chacun ne distribue-t-il pas sa vie ! Strict dès lors qu'il s'agit de conserver son patrimoine, pour ce qui est de perdre son temps, on est inconsidérément prodigue dans le seul domaine où l'avarice n'a rien de déshonorant.

C'est pourquoi j'aime, dans une assemblée de gens âgés, à prendre à partie l'un des plus vieux : « Te voici parvenu à la limite de la vie humaine, cent ans ou plus t'accablent : vas-y, récapitule le compte de ton existence. Fais la soustraction : combien de ce temps pour un créancier, pour une amie, pour un personnage important, pour un subalterne, pour une scène de ménage, pour la réprimande des esclaves, pour toutes sortes de démarches de complaisance ; ajoute les maladies qu'on se fabrique, ajoute aussi les heures inemployées : tu verras que tu as moins d'années que tu n'en comptes.

« Repasse dans ta mémoire à quelle occasion tu as réussi à t'en tenir à ce qui était décidé, les rares journées qui se sont réalisées comme tu l'avais escompté, les moments où tu as pu disposer de toi-même, où ton visage est resté serein, ton esprit impavide, quelles œuvres dans une si longue vie tu as réussi à réaliser, le nombre de gens qui ont pillé ta vie à ton insu sans que tu aies mesuré la perte, ce qu'une vaine douleur, une joie idiote, une passion, une conversation flatteuse, ont pu te voler, combien est étriqué le peu de ton bien qui t'est resté : tu comprendras que tu meurs prématurément. »

Qu'y a-t-il donc à l'origine de cet état de choses ? Vous vivez comme si vous alliez vivre toujours, jamais votre fragilité ne vous vient à l'esprit, vous n'observez pas combien de temps est déjà passé ; vous le perdez comme si vous en aviez tant et plus, quand – pour ce qu'on en sait – peut-être celui-là même que vous donnez à quelqu'un ou à quelque chose est votre dernier jour. Autant vos peurs incessantes sont celles de mortels, autant vos désirs incessants sont ceux d'immortels.

On entendra la plupart des gens dire : « À cinquante ans je me retirerai pour prendre du bon temps, la soixantaine me verra démis de toute charge officielle. » Mais quel gage as-tu reçu d'une vie particulièrement longue ? Qui permettra qu'elle se déroule conformément à tes plans ? N'as-tu pas honte de te réserver les restes de ta vie, et de ne destiner aux pensées de valeur qu'un temps qui, pour quelque activité que ce soit, ne vaut plus rien ? N'est-ce pas un étrange retard que de commencer à vivre juste quand on doit finir ? Quel oubli imbécile de la condition de mortel que de repousser à la cinquantième et à la soixantième année les saines résolutions, et partant, de vouloir commencer une vie à un âge où peu de gens sont parvenus !

IV

Aux hommes les plus puissants et les plus hauts placés, il échappe des confidences, on va le voir, selon lesquelles ils souhaitent le retrait du pouvoir, en vantent les charmes, les trouvent préférables à tout. Ils rêvent dans ces moments-là de descendre du faîte, sous réserve de sécurité ; en effet, même lorsque rien ne la fragilise ni ne la déséquilibre, la fortune a tendance à basculer sur elle-même. Le divin Auguste, que les dieux ont favorisé plus que personne, n'a cessé de prier pour son propre repos et de demander son congé de la république ; toute ses conversations en revenaient toujours à ceci, qu'il aspirait à la retraite : il enchantait ses soucis de la consolation, bien douce, même si elle était fausse, qu'un jour il vivrait pour soi.

Dans une lettre envoyée au Sénat, où il promettait que son repos ne serait pas dépourvu de dignité ni en contradiction avec sa gloire antérieure, je relève ces mots : « Certes, tout cela présente davantage d'éclat une fois réalisé que sous forme de promesses. Il reste que le désir de ces moments si vivement souhaités m'a poussé, puisque la joie de passer aux actes tarde jusqu'à présent, à puiser d'avance un peu de plaisir dans le charme des mots. »

La retraite lui semblait une si plaisante chose que, ne pouvant s'y adonner, il l'anticipait par la pensée.

Lui qui voyait tout dépendre uniquement de soi, qui distribuait leur destin aux peuples et aux gens, il se faisait un bonheur extrême de songer au jour où il dépouillerait sa grandeur. Il avait éprouvé combien de sueur implique cette magnificence rayonnant par toute la terre, quelles inquiétudes de tous les instants elle dissimule : contraint d'en recourir aux armes avec ses concitoyens d'abord, puis avec ses pairs, enfin avec ses proches, il répandit le sang sur terre et sur mer. Entraîné par la guerre à travers la Macédoine, la Sicile, l'Égypte, la Syrie et l'Asie, sur tous les rivages ou peu s'en faut, il détourna ses armées, enfin lassées de massacres romains, vers des guerres extérieures. Alors qu'il travaillait à pacifier les Alpes et à réduire les ennemis intérieurs de la paix et de l'empire, à Rome même Muréna, Cépion, Lépide, Egnatius, d'autres encore affilaient contre lui leurs épées. Il n'avait pas encore échappé à leurs pièges : déjà sa fille et quantité de nobles jeunes gens, soudés par l'adultère comme par un pacte sacré, effrayaient cet homme fragilisé par l'âge, et d'autant plus que c'était la seconde fois qu'il avait à redouter, avec un Antoine auprès d'elle, une femme. Au prix de ses propres membres, il avait tranché cette tumeur : d'autres se reconstituaient par-dessous ; comme un corps qui, gonflé de trop de sang, sans arrêt crèverait ici ou là d'hémorragie. C'est pour cela qu'il désirait la retraite, dont l'espoir et le dessein offraient un asile à ses peines : tel était le vœu de celui qui pouvait faire que soient exaucés tous les vœux.

V

Marcus Cicéron jeté entre les Catilina, les Clodius, les Pompée et les Crassus, les uns ennemis déclarés, les autres amis irrésolus, alors qu'il était ballotté avec cette république qu'il maintint quelque temps à flot pour finalement sombrer avec elle, ni rasséréné quand les choses allaient dans son sens, ni patient quand elles lui étaient contraires, que de fois n'a-t-il pas exécré son fameux consulat, le même qu'il avait exalté non sans raison mais sans mesure ! Sur quel ton pathétique ne s'exprime-t-il pas dans une lettre à Atticus de la période où Pompée fils, après la défaite du père, s'efforçait en Espagne de ranimer une armée brisée ! « Tu me demandes, écrit-il, ce que je fais en ce moment ? Je me morfonds dans ma résidence de Tusculum, en semi-liberté. » Il ajoute des considérations où, dans l'ordre, il regrette le temps passé, se plaint du présent, désespère de l'avenir. Cicéron se dit « en semi-liberté » : or, en vérité, jamais un sage ne consentirait à une formule si médiocre, jamais il ne sera « libre à demi », mais toujours homme de liberté pleine et entière, sans entraves, législateur de soi et au-dessus des autres. Que peut-il y avoir en effet au-dessus de celui qui est au-dessus de la fortune ?

VI

Livius Drusus, personnage énergique et impétueux, avait par des lois nouvelles réveillé les maux des Gracques, soutenu qu'il était par un mouvement immense de gens de toute l'Italie : incapable de prévoir l'issue d'événements qu'il n'avait ni licence de diriger ni liberté d'abandonner simplement à leur cours, il aurait maudit sa vie suragitée depuis les débuts, en déclarant être un des rares à n'avoir, même enfant, jamais eu la chance d'un jour de détente. Il osait en effet, mineur encore et vêtu de la toge prétexte, recommander à des juges certains accusés et engageait son prestige au forum avec tant d'efficacité qu'il a, c'est notoire, emporté certaines sentences.

Où n'eût pas abouti une ambition si prématurée ? Il était clair que cette audace précoce déboucherait sur un grand malheur public et privé. Aussi était-ce tard pour se plaindre de n'avoir jamais eu la moindre détente, quand dès l'enfance on s'était voulu agitateur et influent au forum. On discute du fait qu'il se soit ou non frappé de sa propre main ; car soudain il s'affaissa, blessé à l'aine : quelques-uns se sont demandé si sa mort était volontaire, personne si elle tombait à point nommé.

Il est superflu de recenser tous ceux qui, même si les autres les croyaient au comble du bonheur, ont témoigné de leur vérité intérieure en disant qu'ils détestaient tous les actes de leur vie ; mais ces cris de regret n'ont pas transformé, ni les autres ni eux-mêmes : sitôt que les mots ont réussi à sortir, les passions retombent dans leurs ornières.

Votre vie, pardieu, durerait-elle mille ans et plus, se rétrécira malgré tout jusqu'aux plus étroites limites ; point de siècles que les vices ne soient capables de dévorer ; il est, de fait, inévitable que cet espace, que la nature franchit même si la raison s'efforce de le rallonger, vous échappe bien vite ; car vous ne comprenez pas, ne retenez pas, ni ne forcez à ralentir, la plus fugitive des choses, vous la laissez au contraire s'en aller comme une chose superflue et récupérable.

VII

Or, je place en tête de liste ceux qui ne s'intéressent à rien hormis le vin et le sexe ; car personne n'est plus bassement préoccupé. Les autres, même s'ils sont hantés d'un creux songe de gloire, du moins se trompent honorablement ; on pourra me citer les avares, les coléreux, les gens qui passent leur temps en haines ou en guerres injustes, tous ceux-là pèchent plutôt virilement : chez les obsédés de la panse et de la libido, une gangrène déshonorante est à l'œuvre. Dissèque toutes les journées de cette sorte de gens, considère le temps qu'ils passent à calculer, à intriguer, à craindre, à flatter, à être flattés, combien leurs avocasseries et celles des autres les accaparent, leurs banquets, qui désormais sont des obligations en soi : tu verras à quel point leurs maux et leurs biens ne les laissent pas souffler.

D'ailleurs, tout le monde en convient, il n'est pas d'activité qui puisse être convenablement pratiquée par un homme préoccupé, ni l'éloquence ni les disciplines libérales, dans la mesure où un esprit affairé ne saurait rien accueillir de très élevé, et vomit tout comme si on l'avait gavé de force. Rien n'est moins l'affaire des gens affairés que de vivre : rien n'est d'une science plus difficile. Les professeurs capables d'enseigner les autres sciences sont partout, et nombreux, on a même vu des enfants briller si bien dans certaines d'entre elles, qu'ils ont pu les enseigner à leur tour : on doit apprendre à vivre toute la vie et, ce qui est peut-être plus surprenant, toute la vie on doit apprendre à mourir. Tant d'hommes supérieurs, rejetant systématiquement les entraves, ayant renoncé aux richesses, aux responsabilités, aux plaisirs, ont épuisé jusqu'à leur dernier moment dans le seul but de savoir enfin vivre ; plusieurs d'entre eux pourtant quittèrent la vie en avouant ne le savoir toujours pas : comment les « affairés » sauraient-ils !

C'est le propre d'un grand homme, crois-moi, et fort au-dessus des erreurs humaines, de ne rien laisser distraire de son temps, et si sa vie est fort longue, quelle qu'en soit la durée matérielle, c'est qu'il en a disposé intégralement. Rien n'y est demeuré en friche et inexploité, rien n'y a été subordonné à autrui, et cet intendant si vigilant n'a rien reconnu comme digne d'être troqué contre son temps. Voilà pourquoi ce temps lui a suffi : il a forcément fait défaut, en revanche, à ceux dont la vie a été largement accaparée par les foules. Ne va pas te figurer, à cet égard, qu'ils n'ont pas quelquefois conscience du tort qui leur est fait : tu entendras sûrement bon nombre de ceux qu'encombre le poids d'une grande félicité s'exclamer périodiquement, entre des nuées de clients, ou les étapes d'une plaidoirie, ou toute autre servitude honorifique : « On ne me laisse pas le temps de vivre ! » Comment n'en serait-il pas ainsi ? Tout ceux qui t'appellent à eux te ravissent à toi-même. Cet accusé, combien de jours t'a-t-il dérobés ? Et ce candidat ? Et cette vieille, lasse d'enterrer ses héritiers ? Combien celui-là, qui excite la cupidité des captateurs d'héritage en feignant d'être malade ? Et cet ami plus puissant, qui vous monopolise non par amitié, mais pour rehausser son image mondaine ? Fais le bilan, te dis-je, et recense les jours de ta vie : tu verras justement qu'il ne t'en est resté qu'une poignée, le rebut qui plus est.

Voici quelqu'un qui rêve de quitter un pouvoir longtemps souhaité, en soupirant régulièrement : « Quand cette année sera-t-elle enfin passée ? » Un autre organise des jeux, pour lesquels il estimait que c'était une grande chance d'avoir été désigné : « Quand, dit-il, échapperai-je enfin à cette galère ? » Le forum entier s'arrache tel avocat réputé pour attirer des foules si vastes qu'elles excèdent la zone d'où l'on peut l'entendre : « Quand, dit-il, les affaires me laisseront-elles en paix un moment ? » Chacun précipite le rythme de sa vie, malade de désir pour le futur, de dégoût pour le présent.

Mais quelqu'un qui garde tout son temps pour son usage personnel, qui organise toutes ses journées à l'instar d'une vie, ne souhaite ni ne redoute le lendemain. Quel nouveau plaisir en effet l'heure à venir pourrait bien apporter ? Tous lui sont connus, tous ont été ressentis à satiété. Que la fortune dispose comme elle l'entend du sort des heures qui restent : désormais sa vie est en sûreté. S'il peut y être ajouté, on n'en pourra rien retrancher, et, entendons-nous bien, ajouté à la façon d'aliments à un homme gavé et repu : c'est sans les désirer qu'il consent à en prendre.

Ce n'est donc pas aux cheveux blancs et aux rides que l'on appréciera si quelqu'un a longtemps vécu : il n'a pas vécu longtemps, il a longtemps existé. Penserait-on de la même personne qu'elle a beaucoup navigué parce qu'une tempête épouvantable l'a arrachée au port, emportée de-ci, de-là, tandis qu'une furieuse alternance de vents divers la faisait, dans les mêmes parages, tourner en rond ? Elle n'aura guère navigué, elle aura surtout été beaucoup secouée.

VIII

Chaque fois je m'étonne, lorsque je vois des gens prier qu'on leur consacre du temps, et ceux qu'on prie accorder ce temps sans difficulté ; l'un et l'autre considèrent le *motif* pour lequel du temps est demandé, le *temps en lui-même*, personne : comme si l'on ne demandait presque rien, ni n'accordait presque rien. La chose la plus précieuse de toutes, on s'en moque ; l'on s'y trompe aussi, parce que c'est une chose immatérielle, parce qu'elle ne vient pas sous les yeux et à ce titre on l'estime de très faible valeur, pis : d'un prix à peu près nul.

Les gens adorent recevoir pensions et allocations, et, pour les obtenir, ils ne ménagent ni leur peine, ni leurs sacrifices, ni leur énergie : personne n'apprécie le temps à sa véritable valeur ; chacun en use avec lui sans retenue, comme s'il était presque gratuit. Or ces mêmes gens, regarde-les, une fois malades, si le danger de mort les serre de trop près, inonder de larmes les genoux des médecins, et s'ils craignent la peine capitale, ils sont prêts, pour conserver la vie, à sacrifier tout ce qu'ils ont ! Tant les sentiments chez eux sont incohérents ! Si, pourtant, l'on pouvait faire connaître à chacun le nombre, à l'instar de celui des ans qu'il a déjà vécus, des ans qui lui restent à vivre, comme trembleraient ceux qui verraient le peu de temps qu'il leur reste, et comme ils géreraient ces années avec parcimonie ! En fait, il est aisé de disposer des choses, si petites qu'elles soient, quand elles sont sûres ; on doit en user plus prudemment avec des choses dont on ne sait quand elles manqueront.

Nulle raison de penser pourtant que ces gens-là ne soupçonneraient pas combien le temps est précieux : aux personnes qu'ils chérissent le plus, ils ont accoutumé de dire qu'ils sont prêts à leur offrir une partie de leur existence ; ils donnent sans comprendre ; ils donnent de telle façon qu'ils se privent sans bénéfice pour leurs donataires. D'ailleurs ils n'ont même pas conscience de se priver de quelque chose : si bien qu'ils supportent facilement une perte indolore.

Personne ne restaurera tes années, personne ne te rendra une seconde fois à toi-même. Ton âge poursuivra son cours comme il a commencé, sans retour en arrière ni pause ; sans nul remue-ménage, sans rien pour signaler sa rapidité : il avancera en silence. Ni l'autorité d'un roi ni la faveur d'un peuple ne rallongeront sa course : selon l'élan du premier jour, elle glissera, sans jamais dévier, sans jamais ralentir. Que se passera-t-il ? Toi, tu es préoccupé, la vie court ; à un moment, la mort sera là, pour laquelle, que tu le veuilles ou non, il te faudra bien être disponible.

IX

Peut-on trouver raisonnement plus sot que celui de certains personnages, je parle de ceux qui se flattent de prévoir ? Ils sont encore plus systématiquement occupés. Afin de pouvoir mieux vivre, ils dépensent leur vie à s'organiser la vie. Ils échafaudent des plans à long terme, alors que le plus grand préjudice que l'on cause à la vie, c'est l'atermoiement : ce procédé empêche d'adhérer au jour qui vient, il substitue à la réalité présente des promesses d'avenir. Le plus grand obstacle à la vie est l'expectative, qui, suspendue au lendemain, gâche l'aujourd'hui. Tu disposes de ce qui se trouve entre les mains de la fortune, et laisses échapper ce qui est dans les tiennes. Vers quoi es-tu tourné ? À quoi te prépares-tu ? Toute chose à venir flotte dans l'incertain : vis dans l'immédiat. C'est ce que proclame le plus grand des poètes, Virgile, comme saisi d'un divin effroi, quand il chante ces vers salutaires :

Le meilleur jour de vie, chez les tristes mortels,
En premier chaque fois s'enfuit.

« Pourquoi différer ? – ajoute-t-il – pourquoi cette indolence ? Si tu n'en profites pas, il s'enfuit. » Et quand tu en auras profité, il s'enfuira quand même : aussi faut-il concurrencer la vélocité du temps par la vitesse à en user et, comme en un torrent rapide et saisonnier, y puiser vivement. C'est d'ailleurs une très belle trouvaille du poète, pour blâmer l'expectative indéfinie, de dire non pas : « la meilleure époque », mais : « le meilleur jour ». Comment peux-tu, indolent et tranquille au milieu d'une pareille fugacité du temps, te flatter de la perspective, fondée sur le seul scénario de ton désir, d'une longue série de mois et d'années ? C'est d'une journée que l'on te parle, de celle-là même qui s'enfuit en ce moment. Peut-on alors douter que ce ne soit la principale et la meilleure journée qui s'enfuie pour les mortels tristes, c'est-à-dire obnubilés par leurs occupations ? Eux dont l'esprit enfantin est pris au dépourvu par la vieillesse, qu'ils atteignent sans armes et sans préparation. Ils n'ont en effet rien pressenti : à l'improviste ils y sont soudain tombés, ils ne la sentaient pas quotidiennement s'accumuler. Ainsi qu'une conversation, une lecture, ou quelque songerie particulièrement prenante abuse des gens en voyage, et les voici rendus avant d'avoir réalisé qu'ils approchaient du but, ce trajet continu et fort précipité de la vie, qu'éveillés ou endormis nous faisons du même pas, n'est point aperçu des gens occupés, si ce n'est sur la fin.

X

Si je voulais détailler par étapes ce que je viens d'exposer, il me viendrait une foule d'arguments qui prouveraient que la vie des gens occupés est terriblement brève. Fabianus, non point de ces philosophes qui pérorent du haut d'une chaire, mais sage authentique, dans la lignée des anciens, avait coutume de dire que « contre l'assaut des passions, la lutte subtile n'était pas de mise, ni les menues blessures, mais un choc brutal qui enfonce leurs lignes ». Il refusait les finasseries : « Car il s'agit d'abattre l'ennemi, non de le harceler. » Cependant, pour qu'ils aient honte de leur erreur, il est davantage besoin d'instruire les individus que de déplorer leur comportement.

La vie se divise en trois moments : ce qui fut, ce qui est, ce qui sera. Des trois, celui que nous vivons est bref, celui que nous vivrons est aléatoire, celui que nous avons vécu, certain. Le passé en effet est un domaine sur lequel la fortune a perdu ses droits, sur lequel aucun libre arbitre ne peut se réexercer. Voilà ce que les gens trop occupés laissent perdre : ils ne prennent pas le temps de se retourner sur le passé, et le prennent-ils, le souvenir de ce qu'ils ont à se reprocher leur est désagréable. Aussi est-ce en rechignant qu'ils se remémorent ces temps où ils ont mal agi, et ils n'osent pas s'arrêter à des souvenirs dont les aspects viciés, même s'ils se drapaient alors dans le charme de quelque volupté, sont flagrants quand on y repense.

Personne, sauf celui qui n'agit que contrôlé par sa propre censure, toujours infaillible, ne se retourne volontiers vers le passé; quelqu'un dont l'ambition a beaucoup convoité et l'orgueil beaucoup méprisé, qui a vaincu avec insolence et dupé avec cynisme, amassé avec avarice et dissipé avec prodigalité, a forcément peur de sa mémoire. Or, la mémoire est ce sanctuaire, cette part sacrée de notre temps de vie soustraite à l'empire de la fortune, où tous les hasards humains ont été dépassés, et que l'indigence, ni la crainte ni l'incursion des maladies ne sauraient perturber; elle ne peut être ni violée ni volée; on la possède sereinement et continuellement.

Les jours, certes, forment le présent un par un, et même à travers une succession d'instants; tous ceux du passé pourtant, quand tu l'ordonneras, surgiront, se laisseront à discrétion examiner et retenir, ce que ne peuvent faire les gens occupés. C'est le propre d'une conscience assurée et tranquille que de flâner dans n'importe quelle période de sa vie ; les esprits préoccupés, comme s'ils étaient sous le joug, ne peuvent ni se retourner ni regarder en arrière. Leur vie, par conséquent, va se perdre dans un abîme ; et de même qu'il ne sert à rien de verser tant et plus, si nul récipient au-dessous ne recueille et retient, ainsi peu importe le temps qu'on reçoit, s'il n'a pas où se déposer : à travers des âmes fêlées et percées, il s'écoule dans le vide.

Le présent est extrêmement bref, à tel point que pour certains il n'aurait pas d'existence ; sa course est incessante, il coule et se précipite ; sitôt qu'arrivé il cesse d'être, n'admet pas plus de pause que le monde ou les astres, qu'un inlassable mouvement jamais ne laisse en place. Seul le temps présent importe donc aux gens occupés, alors qu'il est si court qu'on ne peut l'appréhender, et c'est ce temps qu'ils se laissent, sollicités par tant de choses, subtiliser !

XI

Maintenant, tu veux savoir à quel point leur vie est courte ? Regarde comme ils voudraient vivre longtemps. Des vieillards décrépits, dans leurs prières, mendient un minable supplément d'années : ils se donnent pour moins âgés qu'ils ne sont ; par ce mensonge, ils se flattent et se leurrent aussi volontiers que s'ils trompaient du même coup le destin. De fait, sitôt que quelque défaillance de santé les rappelle à leur condition de mortels, dans une sorte d'effroi ils se meurent, moins comme s'ils sortaient de la vie que comme s'ils en étaient arrachés. Ils braillent qu'ils ont été stupides de n'avoir pas vécu et que, s'ils viennent présentement à surmonter leur mal, ils vivront dans une saine retraite ; alors ils songent combien ils ont inutilement accumulé des choses dont ils n'auront pas profité, combien tout leur labeur aura débouché sur le vide.

Quant à ceux, en revanche, dont la vie se déroule loin de tout affairisme, pourquoi ne serait-elle pas assez longue ? Rien n'en est délégué, rien n'en est distribué à l'un ou l'autre, rien n'en est livré au hasard, rien n'en est émietté par négligence, rien n'en est dilapidé par munificence, rien n'y est superflu : elle est, pour ainsi dire, intégralement rentable. Aussi limitée qu'elle soit, on comprendra qu'elle convienne amplement, et par suite, lorsque viendra le jour ultime, c'est sans hésiter que le sage, d'un pas assuré, s'en ira vers la mort.

XII

Tu voudrais peut-être savoir qui j'appelle « gens occupés » ? Je ne parle pas uniquement, comme tu l'imagines, de ceux qu'on ne réussit à faire sortir du palais de justice qu'en lâchant les chiens, de ceux qu'on voit dans un attroupement se faire écraser les orteils avec fierté ou sans gloire si les clients sont ceux d'un autre, ni de ceux que leurs obligations tirent de chez eux pour les envoyer se casser le nez à la porte d'autrui, ni de ceux que l'odeur d'un profit infâme, tôt ou tard pestilentielle, attire là où l'on brade légalement les biens de quelque misérable.

Chez certains, le loisir même est chargé de préoccupations : dans leur maison de campagne ou sur leur lit, en pleine solitude, bien qu'ils se soient éloignés de tout, ils se sentent encombrés d'eux-mêmes : à leur sujet, il ne faudrait pas dire que leur vie est oisive mais préoccupée de désœuvrement. Peut-on appeler « oisif » celui qui ordonne, avec une subtilité jamais rassurée, des bronzes de Corinthe rendus précieux par le snobisme aigu de quelques collectionneurs, et consacre à des bibelots encrassés de vert-de-gris l'essentiel de ses journées ? Celui qui s'installe au gymnase (car, malheureusement, nous souffrons de vices qui ne sont même pas romains !) pour regarder de jeunes garçons lutter nus, le corps brillant d'huile ? qui apparie les troupeaux de ses animaux de trait selon âge et couleur ? qui entretient les plus récents vainqueurs en athlétisme ? Quoi ! Tu les appelles « oisifs » ceux qui patientent des heures chez le coiffeur, pendant qu'on leur dégage le visage de ce qui a pu y pousser au cours de la nuit, alors que chaque cheveu fait l'objet d'une mise en délibération, que tantôt l'on restaure une coiffure compromise et tantôt ici ou là, sur le front, l'on camoufle artistiquement une lacune ? Comme ils enragent, si par hasard le coiffeur a montré un peu moins de doigté que d'habitude, croyant raser un homme ! Comme ils s'enflamment si l'on a donné un coup de ciseau de trop dans leur crinière, s'il reste un épi dissident, si l'ensemble ne retombe pas en boucles régulières ! Qui d'entre eux ne préférerait pas voir perturbée la république plutôt que sa chevelure ? Qui ne serait pas plus inquiet d'orner sa tête que de la sauver ? Qui ne préférerait pas être bien coiffé que bien considéré ? Tu les appelles « oisifs », toi, ces gens qui passent leur vie entre peigne et miroir ?

Et que dire de ceux qui mettent toute leur énergie à composer, écouter, apprendre des chansons, et qui forcent leur voix, que la nature leur avait faite droite, excellente et d'une simplicité parfaite, à se contorsionner en des vocalises aux *portamenti* maladroits ; de ceux dont les doigts constamment marquent la cadence d'une quelconque mélodie intérieure ; de ceux qu'on entend, alors qu'on les appelle à des choses sérieuses, souvent tristes même, fredonner tout bas ? Ces gens-là ne vivent pas dans l'oisiveté, mais dans l'activité oiseuse.

En ce qui concerne leurs festins, ma foi, je ne les compterais pas au nombre des heures de loisir, quand je vois quel souci ils se font pour la disposition de leur argenterie, avec quel soin ils ajustent la ceinture sur les tuniques de leurs petits amis, comme ils surveillent la façon dont le sanglier sort des mains du cuisinier, la rapidité avec laquelle, au signal, les jeunes serviteurs aux joues lisses courent chacun à sa tâche, l'art selon lequel les volailles sont découpées en morceaux convenables, l'empressement que mettent de pauvres gamins esclaves à nettoyer les crachats des convives ivres : ainsi s'attrape une réputation d'élégance et de faste, et jusque dans tous les détails de leur vie leurs maux suivent ces gens-là, si bien qu'ils ne savent plus boire ni manger sans être en représentation.

Nous ne rangerons pas non plus parmi les oisifs ceux qui se déplacent ici et là en chaise à porteurs et en litière, et qui s'adonnent ponctuellement à leurs promenades, comme s'il leur était défendu d'y manquer, ceux qu'un majordome prévient quand ils doivent se laver, nager, manger : ces âmes voluptueuses sont énervées de langueur au point de ne plus être capables de savoir d'elles-mêmes si elles ont faim. Il paraît qu'un de ces voluptueux (si toutefois on doit appeler volupté le fait de désapprendre la vie et les habitudes des hommes), alors que des mains expertes l'avaient sorti du bain et déposé sur sa chaise, questionnant son entourage aurait dit : « Suis-je assis, à présent ? » Penses-tu qu'ignorant s'il est assis, un individu ait conscience de vivre, de voir, d'être oisif ? Il me serait difficile de dire si je le plains davantage de l'ignorer ou de feindre qu'il l'ignore. Sans doute oublient-ils effectivement beaucoup de choses, mais dans nombre d'autres cas également, ils simulent ; certains vices les enchantent comme des preuves de bonheur ; c'est être un homme trop commun, trop médiocre, à leurs yeux, que de savoir ce que l'on fait : va donc, à présent, soutenir que les auteurs de comédies affabulent quand ils stigmatisent le luxe ! Ils en omettent, ma foi, bien plus qu'ils n'en font voir, et la profusion des vices les plus incroyables, en un siècle qui n'a de génie qu'à ce sujet, s'est accrue au point qu'aujourd'hui nous pourrions accuser le théâtre de négligence dans la satire. Rencontrer un individu tellement dissolu de plaisirs qu'il lui faille apprendre d'autrui s'il est assis ! Non, celui-là n'est pas un oisif, il faut le nommer autrement ; c'est un malade, c'est même un mort ; est oisif celui qui est vraiment conscient de son oisiveté. Mais ce zombi, auquel il faut un observateur pour connaître la posture de son corps, comment pourrait-il jamais être le maître d'un seul instant de sa vie ?

XIII

Il serait fastidieux d'énumérer chacun de ceux dont la vie s'est consumée au jeu de dames, aux boules, ou à se faire rôtir le corps au soleil. Ne sont pas oisifs ceux dont les plaisirs impliquent une kyrielle d'activités. Ainsi, personne ne doutera de l'énergie considérable déployée à ne rien faire par ceux que captivent d'inutiles recherches littéraires, lesquels sont légion de nos jours, même chez les Romains. Ce fut d'abord une maladie des Grecs que de se demander le nombre de rameurs dont disposait Ulysse, ou laquelle avait été écrite en premier, de l'*Iliade* ou de l'*Odyssée*, puis si elles étaient d'un même auteur, et autres fariboles à l'avenant, que l'on gardera pour soi sans rien y gagner en richesse intérieure ou que l'on publiera sans passer pour plus savant, mais seulement pour plus pédant.

Voici que les Romains sont envahis, eux aussi, par ce goût inepte de l'érudition superflue ; ces jours-ci, j'ai entendu quelqu'un recenser ce que chacun des chefs romains avait fait le premier : le premier, Duilius a remporté une victoire navale, le premier, Curius Dentatus fit défiler des éléphants lors de son triomphe. Jusqu'ici, même s'ils ne touchent pas à la vraie gloire, ces faits restent tout de même dans le registre des exemples du service de l'État ; ce genre de science n'apportera pas grand-chose, elle est propre cependant à intéresser par la séduisante vanité de l'anecdote.

Cela nous déterminera également à l'indulgence envers ceux qui ont cherché quel personnage, le premier, a persuadé les Romains de monter sur un navire (c'était un nommé Claudius, surnommé Caudex pour ce fait qu'un assemblage de planches s'appelait *caudex* chez les anciens, d'où le nom de codices donné aux tables de la loi, et aujourd'hui encore les bateaux qui remontent le Tibre avec des vivres, selon l'antique habitude, sont appelés *codicariæ*) ; passe même d'être intéressé à connaître que Valerius Corvinus a le premier emporté la ville de Messana, en Sicile, et qu'il a le premier dans la famille des Valerii, par ajout au sien du nom de la ville prise, été surnommé Messana, que peu à peu la prononciation populaire, altérant une consonne, changea en Messala : maintenant, est-il admissible de se soucier de ce que L. Sylla le premier ait donné des jeux de cirque où les lions étaient libres, alors qu'auparavant ils étaient entravés, et que Bocchus, roi de Mauritanie, lui ait fourni les lanceurs de javelot destinés à les abattre ? Allons jusqu'à y consentir : mais en quoi le fait que Pompée, le premier, ait au cirque donné un combat où dix-huit éléphants étaient engagés dans un simulacre de bataille avec des criminels condamnés de droit commun, concerne-t-il le bien moral ? Voilà le premier personnage de l'État, connu jadis entre tous ses pairs (nous dit la tradition) pour sa remarquable bonté, qui croit mémorable un spectacle où l'on tue des hommes d'une façon inédite. Ils s'étripent ? C'est trop peu. Ils sont mis en pièces ? Encore trop peu : faisons-les broyer par l'énorme masse des animaux !

Il était plus judicieux de laisser tout cela s'enfoncer dans l'oubli, de peur qu'un jour quelque puissant n'en entende parler et ne soit jaloux d'une action aussi peu humaine. Ah ! Quelles ténèbres jette sur notre esprit la jubilation d'être parvenu au sommet ! Il s'est cru au-dessus de la nature, quand il a envoyé ces hordes de malheureux se faire écraser par des monstres nés sous un autre ciel, quand il a instauré une guerre entre des animaux si disproportionnés, quand il a versé des flots de sang, sous les yeux du peuple romain, avant de forcer bientôt celui-ci à en verser plus encore ; pourtant, lui-même, ultérieurement trompé par la perfidie alexandrine, dut s'offrir à l'épée du dernier esclave encore présent, ne comprenant qu'alors l'inconsistante vanité de son surnom : *Magnus*.

Pour en revenir au point d'où j'étais parti et dénoncer, toujours dans le même domaine, l'érudition superflue de certains : le même personnage racontait que Métellus, lors du triomphe honorant sa victoire sur les Carthaginois en Sicile, conduisit, seul de tous les Romains, devant son char, cent vingt éléphants capturés ; que Sylla fut le dernier des Romains qui ait agrandi l'enceinte de Rome, dont les limites dans la coutume des Anciens, n'étaient élargies qu'à l'occasion de la conquête de territoires italiens nouveaux, mais jamais pour célébrer des conquêtes de provinces extérieures.

Cela est-il plus utile à connaître que le fait que l'Aventin soit en dehors des murs, à ce que prétendait notre homme, soit parce que la plèbe s'était retirée là, soit parce que Remus n'y avait pas trouvé les auspices favorables, et autres innombrables balivernes farcies de mensonges, ou qui y ressemblent fort ? À supposer en effet que tout cela soit dit de bonne foi, écrit en toute responsabilité, en quoi cela réduira-t-il les erreurs de quiconque ? De qui cela contiendra-t-il les passions ? Qui cela rendra-t-il plus vaillant, plus juste, plus noble de caractère ? Notre maître et ami Fabianus disait qu'il se demandait à certains moments si ce n'était pas préférable de n'entreprendre point d'études du tout que de s'enliser dans celles-là.

XIV

Seuls de tous, ceux qui s'adonnent à la sagesse sont oisifs, seuls ils vivent vraiment ; ils ne se bornent pas à gérer avec une pleine attention leur temps de vie : ils y ajoutent tout le passé ; n'importe laquelle des années qui les ont précédés leur est acquise. Si nous ne sommes pas d'une insigne ingratitude, nous aurons conscience que les fondateurs, universellement célèbres, de sublimes écoles de pensée sont nés pour nous, c'est pour nous qu'ils ont balisé la vie par avance. Vers de splendides révélations, des ténèbres à la lumière exhumées, le labeur pensif d'un autre nous oriente ; aucun des siècles passés ne nous est interdit, nous avons accès à tous et, si notre grandeur d'âme est capable de dépasser l'étroitesse de la veulerie humaine, beaucoup de temps se révèle disponible à notre exploration.

Nous pouvons débattre avec Socrate, douter avec Carnéade, trouver la paix avec Épicure, vaincre la nature humaine avec les stoïciens, la mettre de côté avec les cyniques. Puisque la nature supporte de partager avec nous l'accès à toutes les époques, pourquoi ne pas nous élancer de tout notre cœur, délaissant l'exigu et bref corridor de la vie, dans ces immensités, qui sont éternelles, de concert avec les meilleurs esprits ?

Ceux qui louvoient entre les mondanités, qui tracassent les autres et eux-mêmes, quand ils auront bien nourri leur folie, quand ils auront tous les jours déambulé de perron en perron sans négliger une seule porte ouverte, quand ils auront distribué leurs salutations intéressées aux maisons les plus disparates, combien des habitants d'une ville aussi immense, et débordée de passions si diverses, réussiront-ils à voir ? Combien n'en trouveront-ils pas dont le sommeil, la débauche ou la grossièreté les éconduira ! Combien seront-ils qui, les ayant longtemps tenus dans l'anxiété, s'esquiveront en feignant d'être pressés ! Combien éviteront de paraître dans le vestibule plein de clients et sortiront par une secrète enfilade de couloirs, comme s'il était moins discourtois de se dérober que de jeter quelqu'un dehors ! Combien d'importants personnages somnolents et abrutis par l'ivresse de la veille, à ces malheureux qui interrompent leur sommeil pour guetter le moment où finira celui d'un autre dont, osant à peine bouger les lèvres, ils murmurent mille fois le nom, répondent par le plus insolent bâillement !

Nous pensons, l'on dira ce qu'on voudra, que se consacrent à leurs vraies obligations ceux qui veulent fréquenter quotidiennement Zénon, Pythagore, Démocrite ainsi que les autres maîtres en sagesse, avoir Aristote et Théophraste pour intimes. Aucun de ces sages ne se refusera, aucun ne congédiera celui qui vient à lui sinon plus heureux, plus ami de soi-même, aucun ne laissera son visiteur le quitter les mains vides ; de nuit comme de jour, tout mortel peut leur donner rendez-vous.

XV

Personne d'entre eux ne va t'y obliger, mais tous t'apprendront à mourir ; personne d'entre eux n'émiettera les années de ton existence, ils y ajouteront les leurs ; avec eux, pas de conversation dangereuse, pas d'amitié fatale, pas d'hommages ruineux. Tu recevras d'eux ce qu'il te plaira ; ce ne seront pas eux qui t'empêcheront de retirer de leur fréquentation autant de biens que tu en convoitais.

Quel bonheur, quelle belle vieillesse attend celui qui a rejoint le cercle de leurs relations ! Il aura des amis avec qui discuter des plus minimes ou des plus importants sujets, qu'il consultera quotidiennement, dont il apprendra la vérité sans encourir d'affronts, recevra des compliments sans flatterie, amis auxquels il pourra s'efforcer de ressembler.

Nous avons coutume de dire qu'il n'est pas de notre ressort de choisir nos parents, à nous donnés par hasard : en vérité, il nous est permis de naître à la vie selon notre choix. Il existe des familles de très nobles esprits : choisis celle dans laquelle tu veux être admis ; tu n'y seras pas seulement adopté en ce qui concerne le nom, mais aussi les biens, qui n'auront pas besoin d'être surveillés avec une sordide avarice : ils deviendront d'autant plus grands que tu les distribueras à davantage de personnes.

Ceux-ci t'ouvriront un chemin vers l'éternité, et t'élèveront en un lieu d'où personne n'est rejeté. Il n'y a que cette méthode pour outrepasser notre condition de mortels, ou plutôt la convertir en immortalité.

Honneurs, monuments, tout ce que l'ambition a commandé par décrets ou érigé par ses œuvres est bien vite miné, il n'est rien que ne démolisse ou ne modifie un lent vieillissement ; mais aux choses que la sagesse a immortalisées, ce vieillissement ne peut nuire ; aucun âge ne les abolira, aucun ne les altérera ; le suivant et l'âge qui viendra après, indéfiniment, participeront à leur vénération, car ce qui est proche excite la jalousie, et l'on admire avec moins d'arrière-pensées ce qui se tient dans la distance.

Par conséquent la vie du sage offre de vastes perspectives ; cette fameuse limite, qui enferme le reste des gens, ne vaut pas pour lui ; lui seul est dégagé des lois du genre humain ; tous les siècles lui sont dociles comme à un dieu. Une période est-elle passée ? Il s'en saisit par la mémoire. Présente ? Il en use au mieux. Est-elle à venir ? Il l'anticipe. Il se fait une longue vie par conjugaison de tous les temps en un seul.

XVI

La vie la plus courte et la plus remuante échoit à ceux qui oublient leur passé, négligent leur présent, redoutent l'avenir : quand la dernière extrémité est venue, ces malheureux comprennent trop tard qu'ils ont cru tout le temps, alors qu'ils ne faisaient rien, avoir été occupés. N'espère pas démontrer qu'ils vivent une longue vie parce qu'ils invoquent périodiquement la mort : leur inconséquence les torture d'incertitudes insoutenables, propres à les acculer précisément à ce qu'ils craignent ; la mort, ils la souhaitent souvent parce qu'ils la redoutent avec effroi.

Ne les imagine pas non plus vivant longtemps, pour avoir observé que la journée leur semble souvent longue, que, jusqu'à l'heure convenue pour dîner, ils se plaignent de la lenteur avec laquelle les minutes défilent ; en effet, que leurs occupations les quittent et, réduits à l'oisiveté, les voilà qui se sentent mal à l'aise, ne sachant pas comment s'y prendre pour venir à bout de leur temps libre. Aussi aspirent-ils à quelque activité et tout le temps intermédiaire les ennuie : exactement, ma foi, comme lorsque est publiée la date d'un combat de gladiateurs, ou comme s'ils attendaient l'échéance fixée pour quelque autre spectacle ou plaisir, ils voudraient esquiver les journées de transition.

Tout délai entre eux et le moment concret qu'ils espèrent leur semble interminable ; or ce moment est bref, haletant, et abrégé de beaucoup, par leur faute ; car ils abandonnent un caprice pour un autre et ne peuvent s'en tenir à un unique désir. Pour eux, ce n'est pas que les jours soient longs, ils sont insupportables ; en revanche, comme ils trouvent courtes leurs nuits, quand elles s'en vont dans les bras de la prostitution ou dans le vin !

De là sans doute, chez les poètes, cette tendance irrépressible à nourrir les erreurs humaines de fables où l'on voit Jupiter, ensorcelé par les délices de l'amour, doubler la durée d'une nuit ; n'est-ce pas exalter nos vices que d'en attribuer l'origine aux dieux et de donner à notre insanité, par l'exemple des divinités, une autorisation de libertinage ? Nos débauchés peuvent-ils ne pas trouver trop fugitives des nuits qui se paient si cher ? Ils perdent leur journée à attendre la nuit, leur nuit à redouter l'aurore.

XVII

Leurs voluptés elles-mêmes sont tremblantes et troublées de terreurs variées, et il s'insinue au plus fort de leurs ébats jouisseurs cette idée angoissante : « Combien de temps ça va durer ? » Pris par ce sentiment, des rois ont versé des larmes en regrettant leur puissance, ne trouvant plus de charme à la grandeur de leur position, car la perspective qu'elle finisse un jour les saisissait d'effroi. Alors qu'à travers les champs, à perte de vue, il déployait une armée dont le nombre, sinon la dimension, dépassait son entendement, le plus arrogant des rois perses fondit en larmes parce que, à cent ans de là, personne de toute cette jeunesse n'aurait survécu ; pourtant, celui qui pleurait allait lui-même hâter leur destin et les faire périr, qui sur terre, qui sur mer, qui au combat, qui pendant la déroute, anéantissant ainsi en peu de mois ces jeunes soldats dont il craignait qu'ils dussent mourir avant cent ans.

Ajouterai-je que leurs joies aussi sont troublées ? C'est qu'elles ne reposent pas sur des raisons solides, et que l'illusion d'où elles tirent leur origine les travaille. À ton avis, quelle peut être la qualité d'instants que, de leur propre aveu, ces gens ont trouvés désastreux, quand les moments dont ils se vantent et grâce auxquels ils se sont sentis planer au-dessus de l'humanité sont si peu limpides ?

Les plus grandes réussites croisent des turbulences et l'on croit d'autant moins en la chance que tout va pour le mieux ; un nouveau bonheur est nécessaire pour garantir le bonheur, et pour suppléer des vœux qui ont abouti, il faut faire d'autres vœux. Tout ce qui survient par hasard est instable : ce qui s'est élevé le plus haut est le plus exposé à tomber. La perspective d'une chute n'amuse personne ; elle est donc forcément misérable, en plus de son insigne brièveté, la vie de ceux qui acquièrent à grand-peine des choses dont ils ont plus de peine encore à rester les propriétaires.

Ils parviennent laborieusement à ce qu'ils veulent, se cramponnent anxieusement à ce qu'ils ont obtenu ;

l'entre-temps, qui n'en reviendra jamais augmenté, n'est pas pris en compte : de nouvelles occupations se substituent aux anciennes, l'espoir excite l'espoir, l'ambition entretient l'ambition. On ne recherche pas la fin de ses misères, on en change la source. Notre charge d'honneurs nous a-t-elle tourmentés ? Ceux des autres nous voleront encore plus de temps ; nous en avons fini avec les tracas des candidatures politiques ? Nous commençons à soutenir celles des autres ; en avons-nous fini des difficultés d'un procès ? Nous rencontrons celles d'avoir à juger ; a-t-on résilié ses fonctions de juge ? On se retrouve enquêteur officiel ; a-t-on passé la moitié de sa vie de salarié à gérer les biens des autres ? On est absorbé par son patrimoine. Marius a-t-il été congédié par ses galons ? Le voici en charge du consulat ; Quintus Cincinnatus se hâte-t-il d'expédier sa dictature ? On le reprend à sa charrue pour un nouveau mandat. Scipion, bien jeune pour une telle campagne, marchera contre les Carthaginois ; vainqueur d'Hannibal, vainqueur d'Antiochus, gloire de son consulat et garant de celui de son frère, il aurait, n'y eût-il fait obstacle de lui-même, reçu une place aux côtés de Jupiter : des querelles civiles atteindront ce sauveur de la patrie et après avoir répugné, jeune homme, à ce qu'on l'honore à l'égal des dieux, il se complaira, vieillard, dans la dignité d'un méprisant exil. Jamais ne manqueront, bonheurs ou misères, les raisons de s'en faire ; la vie se ramifiera à travers les occupations ; il n'y aura jamais de loisir, on en rêvera toujours.

[XX][1]

Certes, la condition des gens occupés est misérable ; plus misérable encore est pourtant celle des gens qui ne travaillent pas pour leur propre compte, dorment au rythme du sommeil d'un autre, marchent au rythme d'un autre, qui doivent aimer et haïr, sentiments qui entre tous relèvent de la liberté, sur commande. Ceux-là, s'ils veulent savoir à quel point leur vie est brève, n'ont qu'à réfléchir à la part réduite qui est la leur.

Quand tu rencontreras, par conséquent, une toge prétexte[2] déjà souvent revêtue ou, au forum, le nom d'un élu célèbre, ne sois pas envieux : ce sont choses qu'on obtient au préjudice de sa vie. Pour qu'une seule année reçoive leur nom dans les annales, ce sont toutes leurs années qu'ils ont gâchées. Certains, avant d'avoir péniblement atteint le sommet de leurs ambi-

1. Ce chapitre semble avoir été anciennement déplacé; nous restituons ici la logique naturelle du texte, tout en lui conservant la numérotation sous laquelle il est donné traditionnellement. [N.d.T.]
2. Terme pour désigner la tenue des magistrats romains. [N.d.T.]

tions, dès le début de la lutte ont été délaissés par leur vie ; certains, après avoir atteint le faîte des honneurs au prix de mille indignités, ont soudain réalisé tristement qu'ils s'étaient échinés pour une épitaphe ; chez d'autres, l'extrême vieillesse à l'instar de la jeunesse se tournait vers de nouveaux espoirs, quand elle leur fit défaut au milieu d'efforts obscènes et démesurés.

Honte à qui, dans un procès en faveur de plaideurs obscurs, malgré son grand âge, en s'efforçant de recueillir l'assentiment d'une assemblée sans expérience, a perdu le souffle en pleine phrase. Honte à celui qui, épuisé par son mode de vie plutôt que par le travail, s'est écroulé en pleine visite de politesse ; honte encore à celui qui, exigeant ses comptes sur son lit de mort, fut la risée d'un héritier qu'il lanternait depuis longtemps.

Je ne puis passer sous silence un cas qui me revient : Turannius était un vieillard d'un zèle parfait ; quand, à quatre-vingt-dix ans passés, Caligula, par un geste bien naturel, le déchargea de ses fonctions, il se fit allonger sur un lit et commanda que tous ses gens mènent le deuil comme s'il était mort. La maison pleurait la mise en retraite de son vieux maître, et ce chagrin n'eut de cesse que sa fonction ne lui ait été rendue. Est-ce donc si plaisant de mourir en plein travail ?

C'est un état d'esprit quasi général ; l'envie d'occuper de hautes charges dure plus longtemps que la capacité à les remplir ; on combat la faiblesse physique ; la vieillesse en elle-même, on la juge pénible au seul titre qu'elle vous met à l'écart. La loi ne mobilise plus au-delà de cinquante ans, ne convoque plus les sénateurs au-delà de soixante : il est plus difficile aux hommes d'obtenir leur retraite d'eux-mêmes que de la loi.

Pendant qu'ils jouent à séduire et à être séduits, pendant qu'ils se dérangent l'un l'autre, se rendent mutuellement malheureux, leur vie est sans fruité, sans satisfactions, sans aucun progrès moral ; tout le monde perd la mort de vue, personne ne se refuse à nourrir de lointaines espérances, en vérité certains vont même jusqu'à prendre des dispositions pour des choses qui sont au-delà de la vie, tombeaux aux dimensions imposantes et dédicaces sur les monuments publics, jeux autour du bûcher funéraire et obsèques prétentieuses. Ma parole, ils ont tellement peu vécu que leurs funérailles, comme celles des enfants, c'est avec les torches et les cierges qu'on devrait les conduire !

XVIII

Retire-toi donc de la foule vulgaire, très cher Paulinus, et dans un port plus tranquille, sans que le grand âge t'y force, jette l'ancre tout de même. Repense à toutes les houles que tu as affrontées, à toutes les tempêtes que tu as subies à titre privé, ou suscitées contre toi à titre d'homme public ; désormais ta valeur a été suffisamment démontrée à travers des épreuves pénibles et tumultueuses ; essaie de savoir ce dont elle est capable dans le loisir. La plus grande part de ta vie, la meilleure sans doute, a été dédiée à la république : consacre aussi un peu de ton temps à ta propre personne.

Je ne t'invite pas à un repos stérile et apathique, ni à noyer dans le sommeil et les plaisirs chers à la plus grande masse des gens ce qu'il y a en toi de vitalité naturelle ; ce n'est pas cela, se reposer : tu découvriras, plus vastes que toutes celles auxquelles tu as pu consacrer ton énergie, des tâches que tu pourras accomplir dans l'isolement et la tranquillité.

C'est vrai que tu sers les intérêts de la terre entière aussi honnêtement que ceux de ton prochain, aussi activement que les tiens, aussi scrupuleusement que ceux de la nation. Dans tes fonctions, tu gagnes des amitiés là où il est difficile d'éviter les inimitiés ; mais enfin, crois-moi, il est préférable d'administrer sa vie que le blé de l'État.

Cette vitalité intellectuelle tout à fait capable des plus grandes choses, retire-la d'un ministère qui certes te fait honneur, mais qui est peu propice à une vie heureuse, et songe qu'il n'est pas question d'avoir étudié, depuis ton plus jeune âge, tout ce qui fait un jeune homme noble et cultivé pour te voir commis à la sûreté de milliers de sacs de froment; tu avais laissé entrevoir à ton sujet de plus hautes et plus nobles ambitions. On ne manquera pas d'hommes d'une honnêteté parfaite et durs à la tâche ; pour porter de grosses charges, les lentes bêtes de somme ne sont-elles pas tellement plus convenables que les chevaux de race, dont personne ne songerait à écraser la légendaire rapidité sous un pesant fardeau ?

Partant de là, réfléchis à la quantité de soucis à laquelle, avec ce fardeau, tu t'exposes : c'est au ventre des humains que tu as affaire; un peuple affamé n'est pas sensible à la raison, l'équité ne le calme pas, aucune prière ne le fait céder. Naguère encore, dans les quelques jours où Caïus Caligula périt en emportant l'insupportable idée (si l'on est encore conscient aux enfers) que lui mourait alors que le peuple romain continuait à vivre, il ne restait, ma foi, que sept ou huit jours de provisions ! Pendant que l'empereur faisait des ponts en accolant des bateaux et jouait avec les forces de l'Empire, survenait le mal suprême, même pour des assiégés, le manque de vivres; ainsi a-t-on côtoyé l'issue fatale, la famine et, conséquence de la famine, l'anéantissement général, en contrepartie de cette imitation d'un roi étranger, insensé et d'un orgueil funeste. Quel pouvait être alors l'état d'esprit de ceux à qui était confié le soin des réserves de blé publiques, et qui auraient, Caïus, à endurer les pierres, le fer, le feu ? Sous une extrême dissimulation, il camouflaient tout ce mal qui travaillait secrètement le cœur de la nation, et ils avaient raison, n'en doutons pas : certains maux sont à soigner à l'insu des malades, ce qui cause la mort étant souvent de connaître son mal.

XIX

Rentre en possession de toi-même grâce à des activités plus tranquilles, plus sûres, plus nobles ! Penses-tu que ce soit la même chose, d'un côté, de veiller à ce que le blé soit versé, sans avoir été trafiqué par les malversations des importateurs et leur négligence, dans les greniers nationaux, d'éviter qu'il ne soit gâté par une humidité envahissante et ne s'échauffe, d'avoir soin qu'il corresponde bien aux poids et quantités prévus, et d'un autre côté, d'accéder à cette connaissance sublime et sacrée qui t'apprendra quelle est la substance de dieu, sa volonté, sa condition, sa beauté ; quel sort attend ton âme ; quel est le site où, une fois délivrés de nos corps, la nature nous réunit ; ce qu'il y a qui tient en suspens au cœur de l'espace certaines parties de ce monde, les plus lourdes, maintient au-dessus les plus légères, déplace le feu tout en haut, pousse les astres sur leurs orbites ; sans compter une quantité d'autres aperçus pleins de formidables merveilles ?

Veux-tu bien cesser de rester les yeux rivés au sol, et tourner mentalement ton regard vers tout cela ! Maintenant, tandis que ton sang est chaud, ta verdeur se doit d'aller vers ce qu'il y a de meilleur ici-bas. Dans ce genre de vie t'attendent l'amour des vertus et leur pratique, l'oubli des passions, la connaissance de la vie et de la mort, et l'altière paix des choses.

Apprivoiser l'émotion

Si l'on éprouve le besoin de philosopher, d'interroger l'univers et de s'interroger soi-même, c'est que l'on fait partie de ceux que l'expérience de la vie a conduits à découvrir combien la sagesse manque aux hommes. C'est exactement ce qui s'est produit pour Sénèque : né dans un milieu qui lui a facilité l'accès à la culture, rapidement introduit dans les sphères du pouvoir et de la richesse, devenu un privilégié doté d'une fortune colossale, il a très tôt ressenti la fragilité et la vanité de sa position. Sans compter la jalousie de Caligula qui faillit bien lui coûter la vie, deux facteurs y ont certainement contribué : l'épreuve de son exil en Corse, où il put se croire « enterré », et son rôle dangereux de précepteur de Néron, qu'il a accompli de son mieux. On peut penser à ce propos que si sa position l'a considérablement enrichi, son rôle d'empêcheur de tourner en rond auprès de son impérial et bientôt criminel disciple l'a conduit au sort que, précisément dans le présent traité, il promet aux gens occupant de très hautes fonctions : au suicide commandé, qu'il accomplit avec une dignité toute stoïcienne.

Dans le traité *De la brièveté de la vie*, on peut penser que Sénèque parle d'expérience. C'est pourquoi la sagesse de son discours est quelquefois contradictoire ou embarrassée. La morale y est souvent prise entre deux feux. Objectivement en effet, pourquoi la vie des gens qui aiment à être hyperactifs serait-elle si critiquable ? Une vie trop remplie où l'on se sent bien vaut-elle moins pour l'homme qu'une vie « oisive » où l'on s'ennuie ? Cette question est à éclaircir sous plusieurs aspects, s'agissant de la pensée de Sénèque. D'une part, concernant l'*oisiveté*, il faut savoir que le mot latin *otium* n'a pas d'équivalent en français : il s'agit d'un état assez proche de ce que notre argot du XXe siècle appelle « être cool ». D'autre part, concernant la vie, il se propose de traiter du problème de la *brièveté*. Il cherche donc comment raisonnablement allonger ce qui est d'une durée fixée entre des limites inéluctables. Il essaie d'évaluer ce qu'est une vie vraiment vécue et de désencombrer notre existence de toutes sortes de futilités qui l'accaparent sans lui apporter de richesse supplémentaire.

Toutes les grandes écoles de pensée se ramènent en définitive à la même ambition : rendre la vie vivable, nous rendre indifférents à sa brièveté, nous insensibiliser devant la mort. Certaines le font, comme les religions, en repoussant le problème dans un *au-delà* où règne un démon ou un dieu ; d'autres, comme les philosophies épicuriennes ou stoïciennes, veulent apprendre à l'homme à vivre raisonnablement heureux en tirant parti des seules ressources dont il dispose réellement, sa « condition humaine » et le monde où il vit.

Dans cette dernière situation, il existe deux sortes de sages : ceux qui philosophent en essayant de convaincre par le raisonnement théorique et d'autres qui essaient de convaincre par le raisonnement affectif. Les seconds ont cet avantage d'être souvent moins arides, d'âme plus chatoyante et moins austère, plus accessibles au commun des mortels. Si on entend les lire comme on lit les premiers, c'est-à-dire en y cherchant d'implacables et impeccables démonstrations, une construction de logique intellectuelle sans défaut, on sera déçu : il faut les lire à travers la sensibilité. Leur discours n'est pas fait d'un seul moment doctrinal qui veut obtenir une conviction raisonnée, il est une succession d'étapes destinées à emporter le consentement affectif, semblable en somme à l'aventure intellectuelle d'un philosophe humain et non surhumain, qui gagne la sagesse par une succession de combats plus ou moins réussis. Cet aspect humain de la philosophie est ce qui touche chez Sénèque : Socrate ou d'autres donnent l'impression – ce n'est peut-être qu'une impression – de planer sereinement au-dessus des faiblesses humaines, mais Sénèque fait partie de ceux qui sont pris dedans, qui luttent pour les tenir en échec et gagner un peu de sérénité. Ils ne renoncent pas à l'émotion, ils entendent seulement, comme un cheval sauvage, l'apprivoiser et transformer ce qui est passion déraisonnable en passion raisonnable, voire en passion du raisonnable...

C'est en cela que le traité sur la brièveté de la vie est particulièrement émouvant : on y voit une pensée mobile et austère, pleine de la rigidité du stoïcisme que professait Sénèque, chargée de liberté intérieure, de curiosité, de sensualité et de vive imagination. Eussions-nous vécu à l'époque de Sénèque, dans la même société amorale, avec les mêmes pouvoirs, la même richesse, les mêmes tentations assorties de l'impunité, nous saurions quel prix attacher à une pensée restée saine dans une société dépravée, à une conscience morale restée vive sous un pouvoir corrompu, à une justesse de vision demeurée intacte au milieu des sollicitations les plus déformantes. D'une certaine manière, cette époque souffrait des mêmes défauts que la nôtre : moralité chancelante, prix peu élevé de la vie humaine, pouvoir exercé par des histrions – nourrissant il est vrai nos contemporains de jeux télévisés en place des jeux du cirque. Les maux que Sénèque cherchait à vaincre demeurent : nulle raison que sa hauteur morale ait donc perdu de son actualité.

XAVIER BORDES

Vie de Sénèque

Lucius Annaeus Seneca, second fils de Sénèque le Rhéteur, est né en l'an 4 avant Jésus-Christ dans une riche famille de Cordoue qui le prédestinait à l'exercice de l'éloquence – nous dirions avocat. Élève de son père, de ses amis les philosophes Fabianus (vulgarisateur des philosophes) et Sotion (un pythagoricien), puis du maître stoïcien Attale, il se fit très jeune une réputation méritée à Rome et ses succès lui valurent la jalousie de l'empereur Caligula. Suspect de tuberculose, il fut sauvé de la mort par sa maîtresse d'alors, qui était aussi la favorite de l'empereur fou et qui fit valoir que Lucius ne vivrait plus très longtemps. Il vécut jusqu'en 65 après Jésus-Christ cependant, année où, à la suite de la conspiration de Pison, qui visait à supprimer Néron et sans doute à faire monter Sénèque sur le trône, il reçut l'ordre de s'ouvrir les veines. Il mourut en stoïcien. Sa femme Pauline voulut l'accompagner, mais on sutura ses blessures et elle lui survécut quelques tristes années.

Pour se faire oublier de Caligula, délaissant les prétoires, lui qui très tôt avait été attiré par la philosophie, il se retira dans l'étude des sciences, surtout de Pythagore, et vécut dans la frugalité. Son père le convainquit que cette vie n'était pas digne de lui, et Sénèque ouvrit avec celui-ci une école de philosophie à Rome ; il avait pour auditeurs les meilleurs esprits de son temps. Malheureusement, il y eut Julie, ravissante fille de Germanicus, dans cet auditoire. Messaline, nymphomane, mère de Britannicus, cousine et cinquième femme de l'empereur Claude, accusa Sénèque d'avoir séduit la jeune fille : Messaline détestait la philosophie, il avait au risque de sa vie sans doute refusé ses avances, il était bien vu par la famille rivale, les Nero ; mais elle voulait surtout se débarrasser de Julie que Claude regardait avec trop d'intérêt. Elle obtint de son époux, brillant empereur mais faible chef de famille, pour Julie, la mort, et pour Sénèque – innocent, sinon en pensées, du moins en actes –, l'exil en Corse, en 41 après Jésus-Christ. Il y écrivit la belle *Consolation à Helvia*. En 48, le roman des débordements de Messaline s'achève sous l'épée d'un tribun.

En 49, Agrippine, devenue sixième femme de Claude, mère de Néron, rappela Sénèque sans délai pour lui confier l'éducation de son fils.

En 54, Claude se laisse empoisonner par Agrippine et Néron accède au trône. D'abord précepteur, puis, avec Burrus, principal ministre du jeune empereur, Sénèque connut treize années de la vie de cour, dans le luxe le plus effréné. Durant cette période, il s'efforçait de diriger Néron sans, évidemment, le heurter, au prix de complaisances parfois peu reluisantes : on doit lui faire crédit d'avoir tenté de limiter les dégâts que préparait son élève. Il y réussit pendant les cinq premières années du règne, qui furent bénéfiques pour l'Empire. Mais il y trouvait aussi des avantages qui lui avaient acquis une richesse fabuleuse, qu'on lui reprocha : trois cents millions de sesterces, dit-on, ce que l'on peut évaluer, sous toutes réserves, à environ six cents millions de francs actuels. L'historien Dion Cassius le rend responsable, à cause des taux usuraires qu'il aurait pratiqués, d'une révolte en Bretagne. De toute manière, il était tellement jalousé que les pires calomnies couraient sur son compte, et tandis que ses ennemis le discréditaient, lui-même éprouvait de plus en plus le besoin de développer ses idéaux, et son aspiration à la vertu était sincère. En 60, il quitta la cour, et fit retraite dans un ascétisme rigoureux, pour se préparer à la mort, laquelle devait lui être imposée cinq ans plus tard.

Malgré les périodes dissolues de sa vie, Sénèque resta un moraliste authentique, et ses tourments de conscience font de lui un écrivain génial, que servit toujours la formation stylistique reçue de son père. Il a composé quantité d'ouvrages, dont presque tous nous sont restés, et où transparaît une âme vigoureuse et originale, curieuse de tout, informée de tout, et capable de tout synthétiser avec une grande force : un classique par excellence. Mais c'est un Romain et non un Grec ; davantage que la spéculation, c'est la pratique qui l'intéresse. C'est la raison sans doute pour laquelle ses traités ne sont pas des systèmes doctrinaux, on le voit bien avec *De la brièveté de la vie*, mais une réflexion concrète sur des cas particuliers, le sien au premier chef, souvent en filigrane dans ses écrits. Son stoïcisme se mêle parfois d'épicurisme. Il est un curieux des « questions naturelles ». À propos de la nature, c'est lui qui mit à la mode le mot *providentia* (providence) abondamment exploité par la pensée chrétienne. Il était également, même s'il n'allait pas jusqu'à faire libérer les siens (on ne l'eût pas laissé faire, d'ailleurs), conscient que les esclaves étaient des humains comme les autres. En somme, on pourrait dire qu'il demeura une conscience juste, en proie à un siècle et à une société d'une injustice criante.

Il a beaucoup écrit : citons notamment les cent vingt-quatre fameuses *Lettres à Lucilius*, où il se montre un véritable directeur de conscience ; les *Consolations*, à Marcia, à Helvia et à Polybe ; le fameux *Traité de la clémence* (incomplet), où Corneille prit l'idée de sa tragédie *Cinna* ; le traité *De la providence*, où Sénèque parle du suicide comme du suprême acte de liberté – Néron devait s'en souvenir ; une dizaine d'autres livres de morale importants nous restent, mais les traités scientifiques, ainsi que ses poésies, ses discours et une *Description de l'Inde* sont perdus.

Sénèque est l'auteur de quatorze tragédies (toutes ne nous sont pas intégralement parvenues), qui constituent l'ensemble le plus important dont nous disposions concernant la tragédie romaine ; on connaît également, attribuées à Sénèque, quatorze lettres qu'il aurait écrites à saint Paul. Mais leur authenticité, si l'on pense à son peu d'estime pour le peuple juif, n'est guère vraisemblable. Quoi qu'il en soit, la manière dont Sénèque parle de la divinité, met la vertu et la morale en perspective avec un dieu, ne contredit pas ceux qui l'intègrent à la liste des « précurseurs inconscients du christianisme » (J. Bayet). C'est pourquoi la morale chez lui est toujours une lutte de la volonté contre les passions ; il traite de ces questions avec une vivacité et une profondeur psychologiques inégalées dans la littérature antique : il faut reconnaître aussi que personne, peut-être, n'a joui de l'observatoire où il était placé pour analyser les mœurs, et que le stimulus du danger que représentait l'amitié de Néron (entre autres) avait dû aiguiser passablement ses dons naturels de psychologue.

Repères bibliographiques

Ouvrages de Sénèque

- *Apprendre à vivre (Lettres à Lucilius)*, Arléa, 1990.
- *L'Art de mourir*, avec les lettres de Sénèque sur la mort et le suicide, L'Esprit du temps, coll. Contrastes, 1992.
- *Consolations : à Helvia, à ma mère, à Marcia*, Rivages, coll. Poche, 1991.
- *L'Homme apaisé. Colère et clémence*, Arléa, 1991.
- *Entretiens et Lettres à Lucilius*, Laffont, coll. Bouquins, 1993.
- *La Providence. La Constance du sage*, Arléa, 1991.
- *Théâtre complet*, 2 vol., Imprimerie nationale, coll. Le Spectateur français, 1992.
- *La Vie heureuse*, Arléa, 1989.

Études sur Sénèque

- ARMISEN-MARCHIETTI (Mireille), *Sapientia facies. Étude sur les images de Sénèque*, Les Belles Lettres, coll. Études anciennes, 1989.
- CHAUMARTIN (Francois-Régis), *Le* De beneficiis *de Sénèque, sa signification philosophique, politique et sociale*, Les Belles Lettres, 1985.
- CHEVALIER (R.), *Présence de Sénèque*, J. Touzot, 1991.
- FILLION-LAHILLE (Janine), *Le* De Ira *de Sénèque et la philosophie stoïcienne des passions*, Klincksieck, 1984.
- GRIMAL (Pierre), *Sénèque*, PUF, coll. Que sais-je ?, 1981.
- GRIMAL (Pierre), *Sénèque ou La Conscience de l'Empire*, Fayard, 1991.

Mille et une nuits propose des chefs-d'œuvre pour le temps d'une attente, d'un voyage, d'une insomnie…

15 mars 98

LES PREMIERS LIVRES EN EURO

Nouveautés

n° 196 Bossuet, *Sermon sur l'ambition* ; 1 euro/6,50 F
n° 197 Maïakovski, *Un nuage en pantalon* ; 1,50 euro/10 F
n° 198 Karl Kraus, *Aphorismes* ; 2 euro/13 F
n° 199 *La Genèse* ; 2,50 euro/16F50
n° 201 Cyrano de Bergerac, *L'autre monde* ; 3 euro/19,50 F
n° 202 Proust, *Les Plaisirs et les jours* ; 3,50 euro/23 F

Réimpression

n° 9 Miguel de Cervantes, *L'Amant généreux* ; 1,5 euro/10 F
n° 18 Sénèque, *Sur la briéveté de la vie* ; 1 euro/6,50 F
n° 31 Prosper Mérimée, *Carmen* ; 2 euro/13 F
n° 53 Pascal, *Discours sur les passions de l'amour* ; 1 euro/6,50 F
n° 59 Sade, *Français, encore un effort si vous voulez être républicains* ; 1,5 euro/10 F
n° 98 Spinoza, *Traité de la réforme de l'entendement* ; 2 euro/13 F

Déjà parus en 1998

La Petite Collection : 184. Aziz Chouaki, *Les Oranges.* 185. Épicure, *Lettre sur l'univers.* 186. Franz Kafka, *Le Terrier.* 187. Arthur Conan Doyle, *Le Visage jaune.* 188. François Villon, *Ballades en argot homosexuel.* 189. Voltaire, *Candide ou l'optimisme.* 190. Nicolas Gogol, *Le Nez.* 191. Arthur Schopenhauer, *L'Art d'avoir toujours raison.* 192. Casanova, *Le Duel.* 193. Gustave Flaubert, *Mémoires d'un fou.* 194. Jonathan Swift, *Instructions aux domestiques.* 195. Ovide, *L'Art d'aimer.*
Les Petits Libres : 15. Pierre-André Taguieff, *La Couleur et le sang. Doctrines racistes à la française.* 16. Gérard Guicheteau, *Papon Maurice ou la continuité de l'État.* 17. Guy Konopnicki, *Manuel de survie au Front.* 18. Marc Perelman, *Le Stade barbare. La Fureur du spectacle sportif.* 19. Toni Negri. *Exil.*

Pour chaque titre, le texte intégral, une postface, la vie de l'auteur et une bibliographie.

Achevé d'imprimer en mars 1998,
sur papier recyclé Ricarta-Pigna par G. Canale & C. SpA (Turin, Italie)